Angelika Kipp

Der *O*sterhase kommt!

Einteilige Motive aus Tonkarton

Reinzeichnung: Berthold Kipp

Fotos: frechverlag GmbH, 70499 Stuttgart;
Fotostudio Ullrich & Co., Renningen

Dieses Buch enthält:
2 Vorlagenbogen

Materialangaben und Arbeitshinweise in diesem Buch wurden von der Autorin und den Mitarbeitern des Verlags sorgfältig geprüft. Eine Garantie wird jedoch nicht übernommen. Autorin und Verlag können für eventuell auftretende Fehler oder Schäden nicht haftbar gemacht werden. Das Werk und die darin gezeigten Modelle sind urheberrechtlich geschützt. Die Vervielfältigung und Verbreitung ist, außer für private, nicht kommerzielle Zwecke, untersagt und wird zivil- und strafrechtlich verfolgt. Dies gilt insbesondere für eine Verbreitung des Werkes durch Film, Funk und Fernsehen, Fotokopien oder Videoaufzeichnungen sowie für eine gewerbliche Nutzung der gezeigten Modelle.

Auflage:	5.	4.	3.	2.	1.	Letzte Zahlen
Jahr:	2007	2006	2005	2004	2003	maßgebend

ISBN 3-7724-3074-0 · Best.-Nr. 3074

© 2002

frechverlag GmbH, 70499 Stuttgart
Druck: frechdruck GmbH, 70499 Stuttgart

Es ist wieder Frühling, die Zeit der Hühner und Hasen – und der bunten Eier. Hier erleben Sie die Vorbereitungen auf das große Osterfest.

Die Hühner zeigen sich von ihrer besten Seite. Sie legen Eier in allen Größen. Ein schlauer Osterhase hat sich ein Privathuhn zugelegt, denn so braucht er sich keine Gedanken um Versorgungslücken machen. Aber trotz aller Arbeit finden Has' und Federvieh noch Zeit für Vergnügungen. Ein kleines Tänzchen löst alle Verspannungen.

Auch der Balanceakt eines Langohrs auf einem Osterei dient zur lustigen Unterhaltung der Hühnerschar. Und sind erst einmal alle Eier verteilt, legen Has' und Huhn erschöpft ein Päuschen ein.

Ich wünsche Ihnen viel Spaß beim Basteln dieser niedlichen Motive und eine schöne Osterzeit!

Ihre Angelika Kipp

Material und Werkzeug

- Tonkarton in verschiedenen Farben
- Architekten- oder Transparentpapier
- Kleine, spitze Schere
- Schneidemesser (Cutter) mit Schneideunterlage
- Weicher Bleistift (HB) und harter Bleistift (2H)
- Weicher Radiergummi
- Lineal
- Lochzange
- Faden zum Aufhängen
- Nähnadel
- Klebeband

Die genauen Materialangaben finden Sie beim jeweiligen Objekt. Hilfsmittel werden dort nicht gesondert aufgeführt.

So wird's gemacht

Ausschneiden der Motive

Verwenden Sie für diese großen, filigranen Motive zusätzlich zur Schere am besten ein Schneidemesser mit der entsprechenden Unterlage. Damit können Sie auch enge Schnittstellen im Inneren des Motivs mühelos ausschneiden.

Das Aufhängen der Motive

Es gibt verschiedene Möglichkeiten ein Fensterbild aufzuhängen. Sie können zwischen dem altbewährten Faden oder einem Klebeband wählen.
Wenn Sie mit einem Faden arbeiten wollen, balancieren Sie das Motiv zwischen Daumen und Zeigefinger aus, bis Sie die richtige Stelle gefunden haben. Mit einer Nadel stechen Sie dann einige Millimeter vom Rand entfernt ein Loch in den Karton und ziehen den Faden durch. Je größer das Motiv ist, umso sinnvoller ist es, mit zwei Fäden zu arbeiten.

Schritt für Schritt erklärt

1. Legen Sie Transparentpapier auf das ausgewählte Motiv auf dem Vorlagenbogen. Wenn Sie es mit Klebestreifen fixieren, kann es nicht verrutschen. Mit einem weichen Bleistift zeichnen Sie nun alle Linien des Motivs nach.

2. Nehmen Sie nun das Transparentpapier vom Vorlagenbogen, wenden Sie es und legen Sie es auf den ausgewählten Tonkarton. Zeichnen Sie mit einem harten, spitzen Bleistift alle Linien nochmals kräftig nach. Bei diesem Arbeitsgang wird der zuerst gezeichnete Bleistiftstrich von der Rückseite des Transparentpapiers auf den Tonkarton übertragen.

3. Nun schneiden Sie das Motiv mit Schere und Schneidemesser aus dem Karton heraus; eventuell vorhandene Bleistiftstriche entfernen Sie mit einem weichen Radiergummi. Kleine Kreise stanzen Sie mit einer Lochzange aus.

Wenn Sie das hier seitenverkehrt gezeigte Motiv wenden, entspricht es der Abbildung im Buch. Grundsätzlich können Sie jedes Tonkarton-Motiv beidseitig verwenden.

Hallo du!

Vergnügt begrüßt Frau Huhn ihren neuen Nachbar.

Motivhöhe
ca. 26,5 cm

Material
Tonkarton, A4, in Rot

Vorlagenbogen 1A

Erschöpft!

Erschöpft legt sich der Osterhase nach einem arbeitsreichen Tag zur Ruhe.

- **Motivhöhe**
  ca. 41 cm
- **Material**
  Tonkarton, A3, in Gelb
- **Vorlagenbogen 1A**

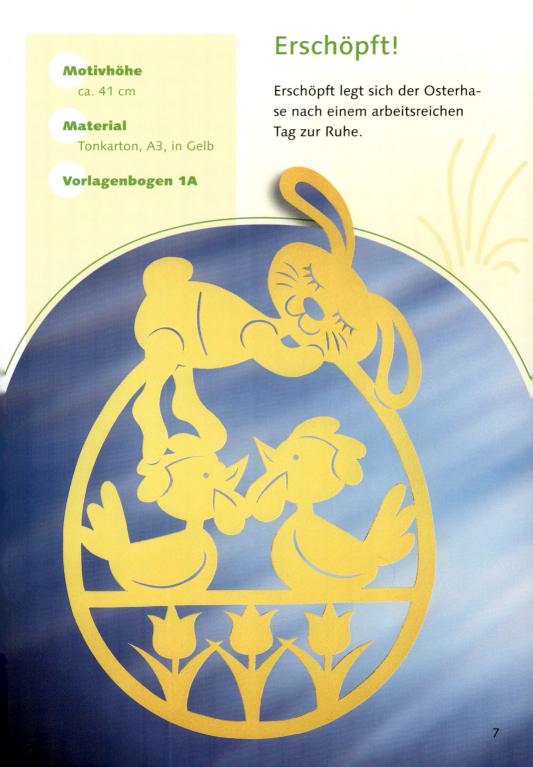

In netter Gesellschaft

Im Hühnerstall geht es lustig zu. Der kleine Hase unterhält sein Publikum mit einem kleinen Ständchen.

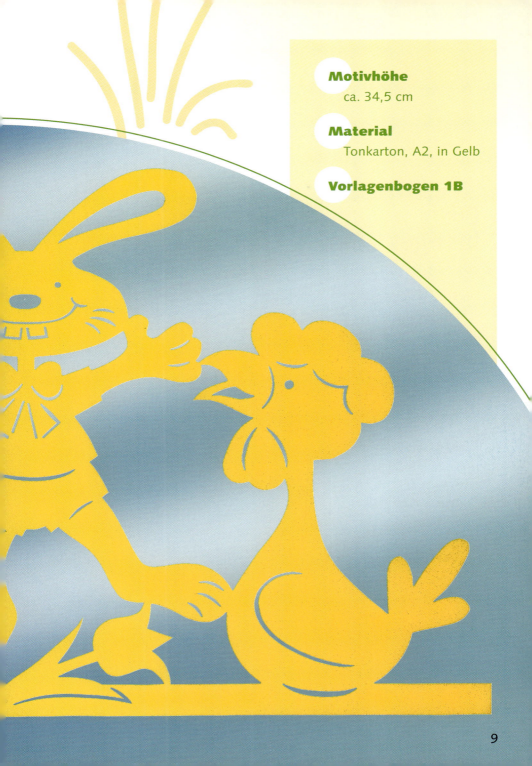
- **Motivhöhe**
  ca. 34,5 cm
- **Material**
  Tonkarton, A2, in Gelb
- **Vorlagenbogen 1B**

Ein lustiges Duo

Dieser Hase ist ganz schlau, er hat sein Lieblingshuhn stets dabei.

- **Motivhöhe**
  ca. 38 cm
- **Material**
  Tonkarton, A2, in Rot
- **Vorlagenbogen 1A**

Das ist der Traum eines jeden Hasen – Möhren zaubern zu können, wann immer er möchte.

Motivhöhe
ca. 28,5 cm

Material
Tonkarton, A4, in Gelb

Vorlagenbogen 2B

Eine nette Begleitung

Da staunt der kleine Piepmatz sehr! Wo gibt es denn solche Riesenmöhren?

Motivhöhe
ca. 31 cm

Material
Tonkarton, A3, in Orange

Vorlagenbogen 1B

Wer ist die Schönste?

Hier fragen sich die Enten: Wer ist wohl die Schönste am Teich?

- **Motivhöhe**
  ca. 22 cm
- **Material**
  Tonkarton, A4, in Gelb
- **Vorlagenbogen 1B**

Häschen hüpf!

Vergnügt hoppelt dieses Langohr über die grünen Wiesen. Unbemerkt verliert er dabei einige Ostereier.

Motivhöhe
ca. 29 cm

Material
Tonkarton, A3, in Grün

Vorlagenbogen 2A

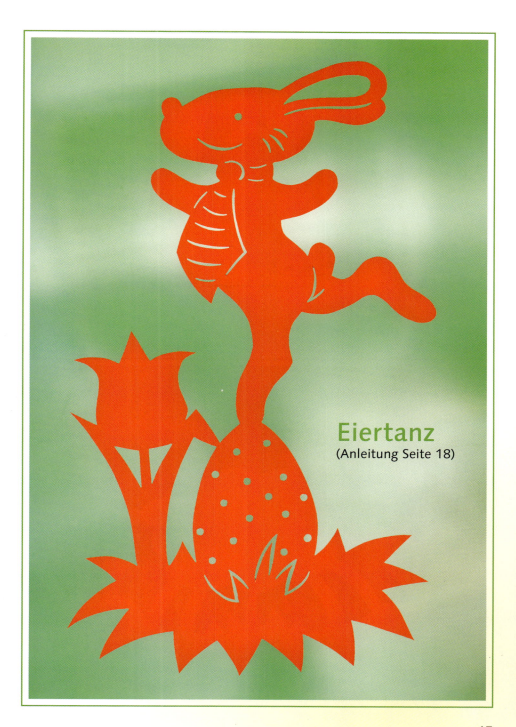

Eiertanz
(Abbildung Seite 17)

Vor dem Verteilen der Ostereier übt sich dieser niedliche Hase im Eiertanz.

● **Motivhöhe**
ca. 36 cm

● **Material**
Tonkarton, A3, in Rot

● **Vorlagenbogen 1B**

Eine kleine Schäfchenherde

Im Frühling sieht man überall Schäfchen auf den Weiden umhertollen.

- **Motivhöhe** ca. 18 cm
- **Material** Tonkarton, A2, in Weiß
- **Vorlagenbogen 2A**

Hallo, ihr zwei!

Der Nachwuchs ist wirklich zum Knuddeln süß. Aber Vorsicht, er ist aus Papier!

Motivhöhe
ca. 21,5 cm

Material
Tonkarton, A3, in Gelb

Vorlagenbogen 2A

Auf zum Osterfest

Wohlerzogen bringen die kecken Gefährten Blumen mit zum großen Fest.

Motivhöhe
ca. 29 cm

Material
Tonkarton, A3, in Orange

Vorlagenbogen 2B

Meine Hühnerschar
(Abbildung Seite 24/25)

Stolz präsentiert der Hahn seine Hühnerschar. Für den Nachwuchs ist auch schon gesorgt.

- **Motivhöhe**
  Hahn ca. 28 cm
  Hühner ca. 22 cm

- **Material**
  Tonkarton, A3, in Weiß

- **Vorlagenbogen 2A**

Darf ich bitten?

Die Arbeit ist geschafft – alle Eier sind verteilt. Nun tanzen Huhn und Has' vergnügt in den Abend hinein.

- **Motivhöhe**
  ca. 31 cm

- **Material**
  Tonkarton, A2, in Grün

- **Vorlagenbogen 2B**

Der Osterhase kommt!
(Anleitung Seite 30)

Der Osterhase kommt!
(Abbildung Seite 28/29)

Der Osterhase staunt, zu welchen Leistungen die Hühner im Stande sind.

- **Motivhöhe** ca. 24 cm
- **Material** Tonkarton, A3, in Gelb
- **Vorlagenbogen 2B**

Verliebt

An dieses kleine Küken hat das Langohr sein Herz verloren.

- **Motivhöhe** ca. 31 cm
- **Material** Tonkarton, A3, in Rot
- **Vorlagenbogen 1A**

Nanu?!?
(Abbildung Seite 32)

Nanu? – Wer sitzt denn da im Hühnernest? Ob der Hase auch Eier legen kann?

- **Motivhöhe** ca. 31 cm
- **Material** Tonkarton, A3, in Weiß
- **Vorlagenbogen 2A**

Nanu?!? (Anleitung Seite 30)

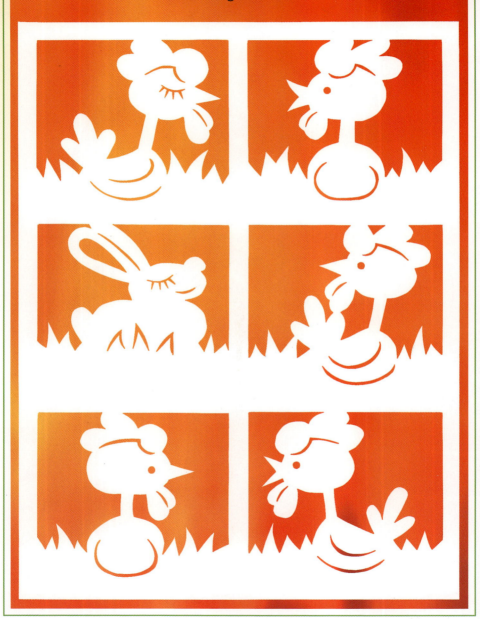